AF537104

DOMOWINA-VERLAG

Kleine sorbische

OSTER EIER FIBEL

JĚWA-MARJA ČORNAKEC

Fotografien:
Jürgen Matschie

Zeichnungen:
Hannelore Reinhardt-Fischer

Die Ostereier haben verziert:
Marja Jaworkowa (S. 17)
Dr. Lotar Balke (S. 27)
Rainer Grosa (S. 28)
Edeltraud Gründel (S. 36)

Bibliografische Informationen
der Deutschen Nationalbibliothek

Die Deutsche Nationalbibliothek verzeichnet diese Publikation in der Deutschen Nationalbibliografie; detaillierte bibliografische Daten sind im Internet unter http://dnb.d-nb.de abrufbar.

ISBN 978-3-7420-1908-0

10. Auflage 2024

Die Domowina-Verlag GmbH wird gefördert durch die Stiftung für das sorbische Volk, die jährlich auf der Grundlage der beschlossenen Haushalte des Deutschen Bundestages, des Landtages Brandenburg und des Sächsischen Landtages Zuwendungen aus Steuermitteln erhält.
Lektorat: Maria Matschie / Lucia Böhme
Gestaltung: Eberhard Kahle
Reproduktionen:
Kontrapunkt Satzstudio Bautzen
Druck und Binden:
Beltz Grafische Betriebe GmbH, Bad Langensalza
1/1156/24

www.domowina-verlag.de

Geleitwort

Ostern – dieses weltweite Urfest der Hoffnung zieht alljährlich unzählige Gäste in die sorbische Lausitz, welche Unverwechselbares und Lebendiges an Brauchtum und Volkstradition erleben möchten wie das Osterreiten in der katholischen Lausitz oder das Osterfeuer in der Niederlausitz. Hier ist Tradition nicht nur für Auge und Ohr erlebbar, sondern auch für jeden machbar, zum Beispiel beim traditionellen Verzieren von Ostereiern. Mit diesem Buch möchten wir den Leser in die reizvolle Welt des sorbischen Ostereiermalens einführen.

Das Ei gilt seit alters her als Symbol des Lebens, der Fruchtbarkeit und Stärke. Es gibt unzählige Möglichkeiten, es zu verzieren. Der Phantasie sind keine Grenzen gesetzt – im Spiel mit Materialien, Farben und Formen. Viele Völker haben ihre eigene Art des Eierverzierens entwickelt und von Generation zu Generation weitergegeben, so auch das sorbische Volk. Das «Eiermalen» (auf Sorbisch «jejka pisać») bedarf zwar ein wenig an Geduld und Geschicklichkeit, aber letztendlich geht es natürlich nicht um künstlerische Perfektion. Allein Freude und Erholung zählen, ganz im Sinne jenes sorbischen Sprichworts, in dem es heißt: «Der Musikant spielt auf – tausend Schmerzen vergehen.»

Freude am Spiel mit Farben und Formen ist sicherlich einer der Gründe, warum sich jahrein jahraus immer mehr Interessenten dem Ostereiermalen widmen. Es scheint, als würden die kleinen Kunstwerke alle magisch in ihren Bann ziehen, die sich nur einmal mit diesem österlichen Brauch beschäftigt haben. Und so greifen sie dann zu Ei, Feder und Farbe und lassen sich immer wieder auf das Abenteuer des Eiermalens ein.

Seien auch Sie herzlich eingeladen zu uns – nicht nur als Gast unseres Osterfestes, sondern auch als Schöpfer dieser kleinen, wertvollen Eier-Kunstwerke, die alljährlich in unseren Händen «auferstehen» und manch einen geliebten Freund erfreuen.

Jutrowničku
poskoči słónco
wjesołe z ranja.

Am Oster-
morgen springt
die Sonne
glücklich in
den Tag.

Vom sorbischen Osterei

Als im Mittelalter das Ei als Zinsei und Teil der Jahressteuer für den Feudalherren oder das Kloster an Bedeutung gewann, entwickelte sich daraus allmählich der Brauch des Eierverschenkens. Zuerst beschenkte man vor allem Mönche, später auch Kinder, Lehrer, Dienstboten und sogar Geliebte.

Seit der Reformationszeit ist es in vielen Teilen Deutschlands üblich, den Patenkindern zu Ostern Eier zu überreichen. Diese Sitte hat sich bei den Sorben bis heute erhalten. Unbekannt ist, seit wann genau die Eier verziert werden, um durch Ornamente die magische Wirkung des Eis zu verstärken. Den ältesten schriftlichen Hinweis über die Sitte, farbige Eier zu verschenken, finden wir in einer historischen Handschrift von Abraham Frenzel aus dem Jahre 1717. Allerdings bedeutet das nicht, dass die Eier damals bereits verziert waren.

Seit Generationen werden in der Fastenzeit, vor allem jedoch Karfreitag, in der Mittel- und Niederlausitz (Dörfer um Weißwasser, Hoyerswerda, Senftenberg, Spremberg, Schleife und Mus-

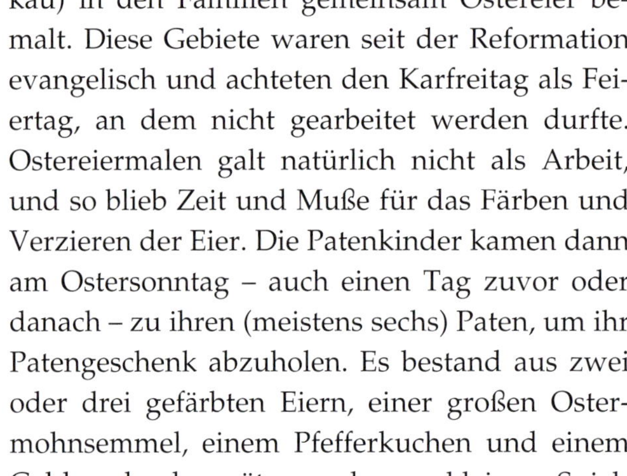

kau) in den Familien gemeinsam Ostereier bemalt. Diese Gebiete waren seit der Reformation evangelisch und achteten den Karfreitag als Feiertag, an dem nicht gearbeitet werden durfte. Ostereiermalen galt natürlich nicht als Arbeit, und so blieb Zeit und Muße für das Färben und Verzieren der Eier. Die Patenkinder kamen dann am Ostersonntag – auch einen Tag zuvor oder danach – zu ihren (meistens sechs) Paten, um ihr Patengeschenk abzuholen. Es bestand aus zwei oder drei gefärbten Eiern, einer großen Ostermohnsemmel, einem Pfefferkuchen und einem Geldgeschenk, später auch aus kleinen Spielsachen.

Beim letzten Mal, im Jahr vor der Konfirmation, bedankte sich das Patenkind bei seinen Paten für alle Geschenke und Unterstützung.

Gern gingen die Kinder mit den geschenkten Eiern zum Waleien (Ostereierrollen), ursprünglich ein Fruchtbarkeitszauber, der den Graswuchs fördern sollte. Lange hatte sich auch der Fruchtbarkeitsbrauch gehalten, die Schalen der Eier auf das Flachsfeld zu streuen. Im Spiel um die Ostereier lassen die Kinder nacheinander je ein Ei über eine natürliche oder künstlich abschüssige Bahn (walkawa) hinabrollen. Das Ei, welches von einem anderen getroffen wird, gilt als geschlagen und damit gewonnen – oder es wird in ein Geldstück eingetauscht.

Auch heute noch spielt das Osterei als Patengeschenk in den traditionellen Gebieten des Ostereiermalens eine feste Rolle. Das Waleien, in den letzten Jahrzehnten allmählich in Vergessenheit geraten, wird heute ab und zu noch durchgeführt, so zum Beispiel in der Senftenberger Gegend. Außerordentlich zugenommen hat jedoch die Beliebtheit des verzierten Ostereis als Souvenir und als Geschenk an Freunde und Bekannte. Während die Eier als Patengeschenk meistens zum Verzehr bestimmt sind, müssen die Souvenir-Ostereier haltbar sein. Sie werden ausgeblasen oder hart gekocht. In der Pfarrgemeinde Ostro ist es seit Jahrzehnten Sitte, am Ostersonntag in der Kirche bunte Eier zu weihen, sobald die Prozession der Osterreiter den Ort verlassen hat. Die geweihten Eier, früher nur einfach gefärbt, sind seit einigen Jahren nun auch nach traditionellen Mustern verziert. Sie werden an Verwandte und Gäste verschenkt sowie beim gemeinsamen Abendbrot verspeist.

Putka njech je čorna, jeno zo su jejka złote.

Das Huhn mag ruhig schwarz sein, nur dass die Eier golden sind.

Das Ostereiermalen wurde zunächst vor allem in der Familie weitergegeben, in zunehmendem Maße aber auch durch die Schule, Volkskunstgruppen sowie Schauveranstaltungen. Auch ich verdanke meinem Zeichenlehrer den ersten Federkieltupfer und habe dann aus Interesse zu Hause allein weitergemalt. Inzwischen ist das Ostereierverzieren in unserer Familie zur schönen Tradition geworden.

Besondere Bedeutung kommt dem inzwischen mehr als sechzig Jahre alten Wettbewerb um das schönste sorbische Osterei zu, welcher 1953 erst-

Z kačich jeji
kokoš žanych
putkow
njewusedźi.

Aus Enteneiern
werden
nie Hühner
schlüpfen.

malig von der Domowina, später vom Haus für sorbische Volkskunst in Bautzen veranstaltet wurde. Seit Mitte der 90er Jahre wird er vom Förderkreis für sorbische Volkskultur e.V. ausgeschrieben, welcher zugleich auch Veranstalter des Bautzener sorbischen Ostereiermarktes (seit 1992) im Haus der Sorben ist. Im Rahmen dieser Veranstaltung werden die Preise für die schönsten sorbischen Ostereier vergeben. Im kleineren Rahmen wird ein Ostereierwettbewerb übrigens auch für Kinder durchgeführt. Dank dieser Tradition sowie den Ostereiermärkten in der gesamten Lausitz hat sich das Eierverzieren weit über dieses Gebiet hinaus ausgebreitet. Es hat viele Menschen zur Kreativität angeregt und sich zu einer wahren Kunst entwickelt. Auch die in vielen Auflagen erschienene, stets schnell vergriffene Publikation «Bunte sorbische Ostereier» von Ernst Schmidt trug zur Popularität des Brauchs bei.

Jedes Wettbewerbsei ist ein Unikat, wobei sich in den letzten Jahren die Ornamentik ständig weiterentwickelt und verfeinert hat. Der typische Charakter der sorbischen Ostereier hat sich in den traditionellen Gebieten des Eierverzierens am sichersten bewahrt. Dort wird die Tradition nahtlos von Generation zu Generation überliefert. In der Familie werden besondere Erfahrungen beim Eierfärben, beim Zuschneiden der Federkiele und beim Aufbau der Ornamente sowie handwerkliche Kniffe weitergegeben. Dabei hat oft nicht nur

Je-li kokoš znjesła
jejko,
spochi woła:
nejko, nejko.

Hat gelegt das
Huhn ein Ei,
gackert es stets
ei, ei, ei.

jedes Dorf seine bestimmte Technik oder Art des Verzierens, selbst einzelne Familien besaßen einst «ihre» Muster, sodass man früher am Ei die Familie erkennen konnte. Interessant dürfte für den Leser auch sein, dass die Nachkommen der vor 150 Jahren ausgewanderten Sorben in ihrer neuen Heimat in Texas bis heute noch das Ostereierverzieren nach sorbischer Art bewahrt haben. Dabei werden auch Musterkombinationen verwendet, die in der heutigen Lausitz bereits vergessen sind.

Wer mehr über Verbreitung, Techniken und Muster erfahren will, der sollte in der vorösterlichen Zeit die Sorbische Webstube in Drebkau besuchen, wo sich eine große Ostereiersammlung befindet. Der Begründer Lotar Balke hat seit 1970 an die 3000 Ostereier aus 52 Ländern zusammengetragen.

Warjene jeja žana kokoš njenjese.	*Gekochte Eier vermag keine Henne zu legen.*

Das Vorbereiten der Eier

Das sorbische Osterei ist traditionell ein Hühnerei. Selbstverständlich können auch andere Eier genommen werden. Zu bedenken wäre dabei nur, dass beispielsweise Enteneier zwar eine glatte, porzellanartige Schale besitzen, jedoch die Farbe schlecht annehmen. Gänseeier wiederum eignen sich mit ihrer rauen Oberfläche kaum für die Kratztechnik. Neuerdings sieht man auch öfter verzierte Wachtel- oder Straußeneier.
Bewährt haben sich weiße Eier mit fester, makelloser Schale von Hühnern in freier Haltung. Eier mit brauner Schale eignen sich höchstens für eine Ton-in-Ton-Färbung, weil die Farben hier nicht vollständig decken. Das Ei sollte auf Haarrisse und dünne Stellen überprüft werden – am besten, man hält es gegen eine Lichtquelle. Für das Verzieren sind nur Eier mit fester Schale und ebenmäßiger Form geeignet. Die Stärke bzw. Festigkeit der Schale lässt sich am besten testen, indem man zwei Eier an beiden Polen leicht gegeneinander schlägt. Am Klang kann man hören, ob das Ei bereits einen Sprung hat; Eier mit weicherer Schale werden dabei sogar eingedrückt.

Lubjena kokoš jeja njenjese.

Eine versprochene Henne legt noch kein Ei.

Es ist empfehlenswert, dass alle Eier (selbst, wenn sie sauber aussehen) zunächst einem Wasserbad unterzogen werden. Nicht sichtbare fettige Stellen auf der Schale nehmen später die Farbe schlecht an. Beim Säubern sollte man auf Reinigungsmittel verzichten. Angebrachter ist es, warmes Wasser mit etwas Essig versetzt zu nehmen. Die gesäuberten Eier werden dann mit einem weichen Tuch abgetrocknet.

Damit die Eier beim Verzieren nicht schwitzen, sollten sie Raumtemperatur haben.

Falls die Eier nicht zum Verzehr bestimmt sind, muss das Ei entweder mindestens eine halbe Stunde lang gekocht oder aber ausgeblasen werden. Letzteres ist das sicherste Mittel, um Eier für lange Zeit aufbewahren zu können. Denn selbst ein hart gekochtes Ei kann beim kleinsten Stoß Risse bekommen, und es entwickeln sich dann üble Gerüche.

Gut überlegen sollte man sich, ob man das Ei vor dem Verzieren ausbläst oder danach. Viele pusten erst das fertige Osterei aus, da ein volles (rohes) Ei sich mit weniger Mühe färben lässt. Dabei ist es aber um so wichtiger, vor dem Verzieren die Festigkeit der Schale zu überprüfen. Denn es kommt vor, dass beim Ausblasen das Ei einen Sprung bekommt.

Nach dem Ausblasen sollten die Eier stets ausreichend mit warmem Wasser ausgespült oder kurz aufgekocht werden, damit sie nicht unangenehm riechen und sich keine Milben einnisten, die das

KLEINE TIPPS 

Eier aus dem Kühlschrank lassen sich schwerer ausblasen als die bei Zimmertemperatur gelagerten.

Mit einem spitzen, scharfen Gegenstand sollte man zunächst an den Polen die Schale durchstechen und dann mit einer Strick- oder Rouladennadel von einem Loch zum anderen das Innere des Eies «durchbohren» und dabei leicht «rühren», um das Ausblasen zu erleichtern (die Eigelbhaut wird dabei zerstört).

Ei zerstören könnten. Das sollte man auch tun, wenn man ausgeblasene Eier verziert. Sie sollten dann gut ausgetrocknet sein.
Zunächst werden sie auf beiden Seiten mit Wachs verschlossen und dann beim Färben mit einem schweren Gegenstand in die Lösung getaucht. Oder man gießt unentwegt mit einem Löffel die Farblösung auf das Ei.

KLEINE TIPPS 

Um hässliche große Löcher zu vermeiden, kann man spezielle «Eierbohrer» verwenden.

Wer das Ei nicht mit dem Mund ausblasen will, kann Blas-Fix, Injektionsspritze und Gummipumpe (alles mit entsprechender Gebrauchsanweisung in Drogerien erhältlich) als Hilfsmittel verwenden.

Die Wachsreservetechnik

Die Wachsreservetechnik, die im Volksmund auch Wachstechnik genannt wird, ist nicht nur die älteste, sondern die in der sorbischen Lausitz am weitesten verbreitete Technik. Sie entspricht im Wesen dem Batik in der Textilgestaltung. Für viele ist sie nicht nur wegen unterschiedlicher Farb- und Mustervariationen die Nummer eins. Das Wachsen eignet sich besonders als Einstiegstechnik, weil die Farb- und Formgestaltung auch bei noch ungenügender Beherrschung des Handwerks auf dem Ei ästhetisch und reizvoll wirkt. Vor mehr als fünfzig Jahren wurde sie allerdings nur in den Dörfern um Muskau, Hoyerswerda, Schleife, Spremberg und Cottbus gepflegt. Heute ist sie weit über die Lausitz hinaus bekannt.

Um den Tisch hinterher nicht stets von Farb- bzw. Schmutzresten säubern zu müssen, legt man am besten die Arbeitsfläche mit Zeitungspapier aus. Die Eier sollten jedoch auf Tüchern oder Servietten liegen. Eine Schreibtischlampe sorgt für genügend Licht, einmal um die Augen zu schonen, aber auch um störende Schatten auf der Eioberfläche zu vermeiden.

Da für die sorbische Tradition symmetrische und geometrische Muster typisch sind, ist es zu empfehlen, mit einem Bleistift Hilfslinien auf das Ei zu ziehen. Oft genügt schon eine horizontale Linie in der Mitte des Eis sowie eine senkrechte von Pol zu Pol, sodass das Ei in vier gleiche Viertel geteilt ist.

Die zum Wachsen notwendigen Gänsefedern werden so geschlissen, dass die Spitze des Federkiels erhalten bleibt und dann in der gewünschten geometrischen Form und Größe beschnitten wird. Hühner- und Entenfedern sind weniger geeignet, da sie spröder sind und der Kiel zu biegsam ist.

Für Punkte und Striche auf dem Ei steckt man Stecknadeln mit unterschiedlich großen Glasköpfen in Bleistifte oder Holzstäbchen.

Es ist jedem überlassen, in welcher «Vorrichtung» das Wachs erhitzt wird. Bewährt hat sich folgende Methode: Ein alter Esslöffel wird in eine Schachtel (in ein Gefäß mit Sand oder in eine halbierte Kartoffel) so hineingesteckt und eventuell auch zurechtgebogen, dass unter dem Löffel eine Wärmequelle (Kerze, Teelicht, Öllampe) in ausreichendem Abstand stehen kann, ohne dass sich Ruß am Löffel absetzt. Im Löffel wird eine Mischung aus Bienenwachs und Paraffin (etwa 1:1) erhitzt, die besonders gut am Ei haftet. Als stetige Wärmequelle hat sich das Teelicht bewährt, da es die notwendige Temperatur des flüssigen Wachses gleichmäßig sichert.

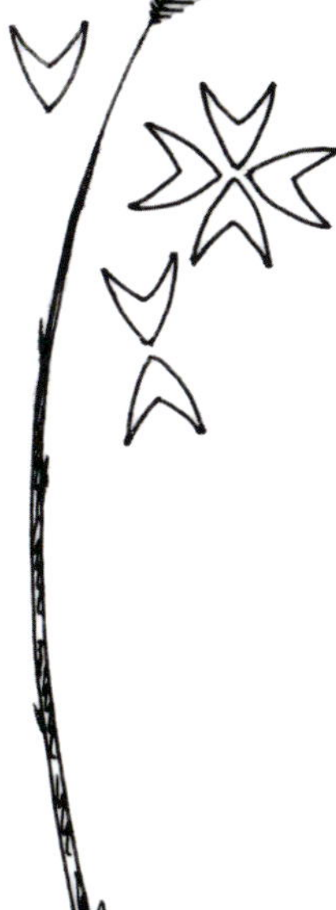

Hat das Wachs die gewünschte Temperatur erreicht (es qualmt leicht über dem Löffel), wird die Spitze des Federkiels kurz in das heiße Wachs getaucht und schnell aufs Ei getupft. Weil das Wachs auf dem Ei sofort hart wird, muss der Weg zwischen Löffel und Ei so kurz wie möglich sein. Sollte der Kiel am Ei «kleben» bleiben, könnte beim Losreißen der Federkielspitze die Form verdorben werden oder der Rest des flüssigen Wachses unerwünschte Spritzer hinterlassen. Letzteres kann auch geschehen, wenn das Wachs noch nicht heiß genug ist. Ein Sieden der Wachsmischung andererseits lässt wiederum alle geometrischen Formen auf dem Ei rundlich erscheinen, ja es kann sogar die Federkielspitze im heißen Wachs zusammenschrumpfen. Diese und ähnliche Kinderkrankheiten sind aber relativ schnell überwunden.

Etwas mehr Übung ist bei allen Anfängern allerdings notwendig, bis sich die nötige Schnelligkeit beim Übertragen des Wachses vom Löffel zum Ei entwickelt. Einige Schwierigkeiten bereitet am Anfang auch das genaue Ansetzen der Federkielspitze. Deshalb ist es ratsam, den Mittel- oder Kleinfinger auf das Ei als kleine Stütze zu legen und dann erst den Wachstupfer aufzusetzen.

Ähnlich ist die Verfahrensweise bei der Stecknadel, wobei der Wachspunkt durch einfaches Ausziehen je nach Größe der Stecknadelkuppe zum Tropfen oder Strich wird.

Die traditionellen sorbischen Muster sind symmetrisch und geometrisch angeordnet. Durch die rhythmische Reihung von Dreiecken, Strichen, Punkten usw. entstehen Ornamente und Formen, die auf dem Ei oft auch als «Spiegelbild» auftreten. Vom wahllosen Drauflos-Tupfen ist abzuraten, nicht nur weil die Eiform dann nicht genügend zur Geltung kommt, sondern auch, weil dies der Schönheit und Harmonie des sorbischen Ostereis nicht entsprechen würde.

Jutry zwony najrjeńšo spěwaja.

Zu Ostern singen die Glocken am schönsten.

Will man das Ei mehrfarbig gestalten, so muss für die nächsten Farben genügend Raum für weitere Ornamente freigelassen werden. Es empfiehlt sich, das Grundmuster flächenmäßig großzügig anzulegen, um eine farbige Ausgewogenheit zu erzielen.

Nach dem Auftragen der ersten Wachsschicht – man fängt am besten mit einem Punkt an einem Pol oder in der Mitte des Eies an und baut darauf auf – wird das Ei mit einem Löffel in die vorbereitete Farblösung gegeben, sodass es völlig bedeckt ist. Die erste Farbe wird meistens eine helle sein (gelb oder orange), denn sie muss von den weiteren überfärbt werden. Die Farblösung sollte nur handwarm sein, damit das Wachs nicht schmilzt. Nach etwa zehn Minuten (je länger, desto intensiver die Farbe) wird das Ei herausgenommen. Erst wenn die gelbe Farbe vollständig getrocknet ist, überträgt man auf das Ei die nächsten Wachsornamente. Dabei überdeckt, «reserviert» das Wachs die Farbe. Dieser Vorgang wird

so oft wiederholt, bis das Ei mit Ornamenten bedeckt ist und alle gewünschten Farben festgehalten worden sind. Die letzte Farbe ist daher meistens eine dunkle. Ist man mit ihr nicht zufrieden, vielleicht, weil sie fleckig erscheint, kann man sie mit Essig abreiben und das Ei erneut einfärben, auch in hellere Töne. Einfarbige Eier beeindrucken vor allem dann, wenn die Muster sauber sind und das Ei kräftig gefärbt ist.

Zum Schluss wird das Wachs vom Ei entfernt. Dazu wird es zwei bis fünf Sekunden an eine Kerze oder eine andere Wärmequelle gehalten. Sobald das Wachs schmilzt, wird es mit einem weichen Lappen abgewischt. Vorsicht, das Ei nicht über die Flamme halten, es könnte verrußen und einen hässlichen schwarzen Fleck erhalten. Beim Abwischen des flüssigen Wachses wird das Ei außerdem mit einer leichten Wachsschicht überdeckt, die glänzt und zugleich die Farbe schützt.

VORTEILE 

Die Wachsreservetechnik ist die farbenprächtigste von allen vier Techniken. Durch das Muster- und Farbspiel wirkt das Ei außerordentlich reizvoll, auch wenn das Muster nicht ganz korrekt ausgeführt ist. Für Anfänger ist es wichtig zu wissen, dass diese Technik keine besonderen künstlerischen Fähigkeiten und Fertigkeiten voraussetzt.

NACHTEILE 

Das Vorbereiten und Aufbauen der Vorrichtung ist sehr zeitaufwändig. Befindet sich Wachs einmal auf dem Ei, so lässt es sich in keiner Weise mehr korrigieren.

Die Wachs-
bossiertechnik

Weniger bekannt in der Lausitz war einst das Bossieren. Es wurde ursprünglich vor allem um Luckau und Senftenberg angewandt. Heute ist es sehr beliebt, sicherlich auch dank der jährlichen Ausstellungen der Sorbischen Webstube Drebkau. Von den vier sorbischen Techniken des Ostereierverzierens hat sich diese am stärksten entwickelt, vielleicht weil sie die einfachste ist und dazu äußerst dekorativ. Auf dem Ostereiermarkt in Bautzen haben im Jahr 2002 zum Beispiel mehr als die Hälfte der Teilnehmer die Wachsbossiertechnik angewandt.

Material und Werkzeug sind dieselben wie bei der Wachsreservetechnik. Im Gegensatz zu letzterer wird jedoch gefärbtes oder dunkel gebranntes Wachs verwendet oder es werden zerriebene farbige Wachs-Signierstifte dem üblichen Wachsgemisch beigegeben. Dabei sollten solche Stifte bevorzugt werden, die bereits Bienenwachs enthalten. Das farbige Wachsgemisch wird auf das naturfarbene oder eingefärbte Ei aufgetragen und verbleibt als dekoratives Schmuckelement – wird also nicht per Kerze entfernt.

Hdźež jejka leža,
tam kokoška
najradšo njese.

Wo Eier liegen,
dort legt
die Henne
am liebsten.

Besonders interessant sind Eier, bei denen die Wachsreserve- und die Wachsbossiertechnik miteinander kombiniert werden. Ein fertig gewachstes Ei erhält einige farbige Wachstupfer, die reliefartig auf der Schale verbleiben und dem Ei einen ganz eigenen Reiz verleihen. Auch auf einfachen Kratzeiern kann aufbossiertes Wachs zu interessanten Musterverflechtungen führen.

VORTEILE

Mehrmaliges Einfärben, Trocknen und erneutes Wachsen sowie das zeitaufwändige Abwachsen entfallen. Das Ei wird nach dem Bossieren nicht mehr gefärbt, deshalb besteht auch kein Risiko, dass durch fleckiges Färben ein fertiges Ei verdorben wird.

NACHTEILE

Es sind mehrere Löffel mit verschieden eingefärbten Wachsmischungen notwendig. Dabei kann bei der reinen Wachsbossiertechnik die Grundfarbe des Eis nur einfarbig bleiben.

Die Kratztechnik

Diese Technik verlangt schon ein wenig zeichnerische Begabung und künstlerische Fertigkeit, damit der Anfänger bei seinem ersten gekratzten Ei nicht zu schnell aufgibt. Jedoch auch hier lässt sich Geschick und Meisterschaft mit viel Übung und Geduld erlernen.

Die Kratztechnik, die vermutlich im 19. Jahrhundert in der Lausitz aufkam, ist besonders in der Gegend um Hoyerswerda, Spremberg und Senftenberg verbreitet.

Da man beim Kratzen einen ständigen Druck auf das Ei ausübt, ist ein Überprüfen der Eischale sehr wichtig (ein leichtes Gegeneinanderschlagen der beiden Ei-Pole). Landeier mit dicker, aber möglichst glatter Schale eignen sich am besten zum Kratzen. Neben Hühnereiern werden oft auch Enten- und Gänseeier verwendet, da diese eine härtere Schale besitzen.

Die Eier werden zunächst kräftig gefärbt. Dazu sollte möglichst Stoff- oder Batikfarbe verwendet werden, die sich nicht so schnell abgreifen lässt, wenn man das Ei stundenlang in der Hand halten muss. Empfehlenswert ist es, das Ei in einer

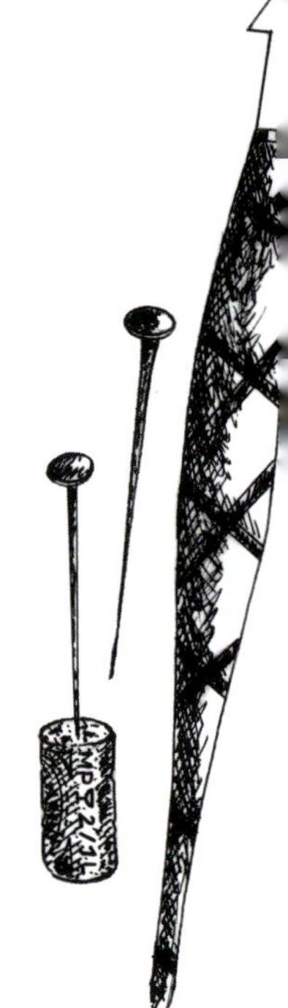

Njepředaj jeja prjedy, hač je kokoš znjesła njeje.

Verkaufe kein Ei, bevor es nicht im Nest liegt.

Serviette oder in einem Papiertaschentuch zu halten, weil die Hand leicht schwitzen könnte und die Eifarbe dann auf der Haut haften bleibt.

Für die Kratztechnik kann jeder harte, spitzscharfe Gegenstand (Messer, Spiralbohrer, Dreikantfeile) verwendet werden. Auch eine Nadel oder ein Nagel können zum Abkratzen der Farbe dienen, wenn sie in einem Stück Kork oder Holz stecken und damit handlich sind.

Mit dem Abkratzen bzw. Abschaben der Farbe beginnt man in der Regel an einem bestimmten Punkt oder einer Linie, zum Beispiel an den beiden Polen, von denen aus die verschiedenen

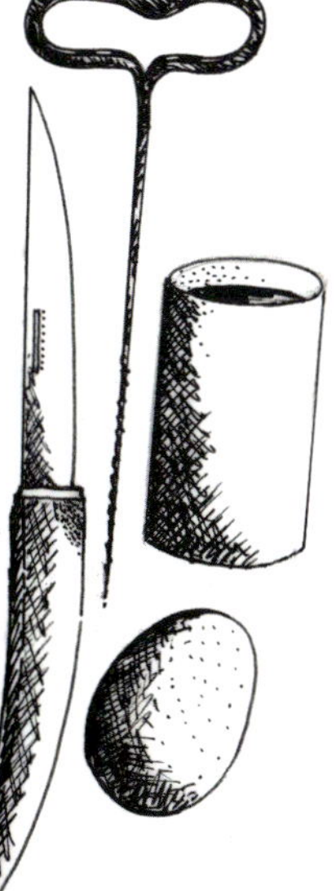

Muster aufgebaut, entwickelt werden. Die Ornamentik ist hier natürlich zierlicher und filigraner als bei der Wachstechnik. Wichtig ist, dass das Muster stets sauber ausgeschabt wird.
Auch bei der Kratztechnik ist Mehrfarbigkeit des Eis möglich. Nach der ersten Färbung wird das Ei an einigen Stellen mit Wachs bedeckt und daraufhin in die nächste Farblösung gelegt oder es werden breitere Gummibänder über das Ei gespannt, welche ein Überfärben der ersten Farbe verhindern.

VORTEILE 

Da man keine Vorrichtung aufbauen muss wie bei der Wachstechnik, kann man das Ei auch mal kurz zwischendurch kratzen. Außerdem erspart man sich das mehrmalige und zeitaufwändige Färben.

NACHTEILE 

Das Verzieren des Eis dauert um ein Vielfaches länger als bei den anderen Techniken. Während man bei der Wachstechnik für ein Ei mit einfachem Muster etwa eine Stunde benötigt, sind es beim Kratzen mindestens vier Stunden.
Auch ist durch den ständigen Druck des spitzen Gegenstandes die Gefahr sehr groß, dass das Ei zerbricht.

Die Ätztechnik

Wer unscharfe, faserig-zarte Konturen mag, sollte es einmal mit dem Ätzen versuchen. Seit wann genau diese Technik in der Lausitz ausgeübt wird, lässt sich jedoch nicht mehr feststellen. Zwar wird sie nicht mehr in dem Maße gepflegt wie vielleicht vor 50 Jahren, aber nach wie vor lebt sie als Familientradition vor allem in der Gegend um Hoyerswerda und Spremberg.

Die Eier, ob hart gekocht oder ausgeblasen, sollten nicht zu kräftig gefärbt sein, damit das Wegätzen der Farbe nicht zu mühsam wird. Als Werkzeug eignen sich am besten Gänsefederkiele, wie sie früher zum Schreiben verwendet wurden, oder Stahlfedern.

Üblich ist die Verwendung von Salzsäure als Ätzflüssigkeit, sie sollte jedoch mit einem Drittel Wasser verdünnt werden. Kinder nehmen lieber Zitronen- oder Essigsäure. Zwar dauert das Ätzen länger, es ist aber sicherer und außerdem geeigneter für Interessenten, die noch nicht so geschickte Finger haben. Früher wurde von Bauern auch das sogenannte Scheidewasser (verdünnte Salpetersäure) aus Drogerien zum Ätzen

Salzsäure

Jejko do horšće
date je wjace
hač polubjena
kokoš.

Das Ei
in der Hand
ist mehr als das
versprochene
Huhn.

verwendet sowie Sauerkrauttunke. Auf das trockene, gefärbte Ei werden mit dem in Ätzflüssigkeit eingetauchten Federkiel dünne Striche gezeichnet, aus denen dann Ornamente oder Sprüche entstehen. Für Anfänger ist es besser, sich vorher mit Bleistift die Linien vorzuzeichnen. Da die Säure sich in wenigen Sekunden in die Breite zerfressen kann, muss stets ein saugfähiger Lappen zur Hand sein, mit dem man nach etwa drei Strichen die überflüssige Säure schnell abtupfen sollte. Nach mehrmaligem Nachziehen der Konturen (je nach Stärke der Säure) erscheinen die geätzten Stellen schließlich weiß.
Bei vorsichtigem Hantieren mit Säure kann man auch hier durch Erfahrung verschiedene Farbnuancen und zierliche Muster herausarbeiten.

VORTEILE 

Die Vorbereitungen sind nicht so aufwändig wie beim Wachsen, und das Erarbeiten des Musters ist mit weniger Zeitaufwand möglich als bei der Kratztechnik. Die Gefahr, dass das Ei zerdrückt wird, ist auch hier weitaus geringer, denn der Druck mit dem spitzen Werkzeug entfällt.

NACHTEILE 

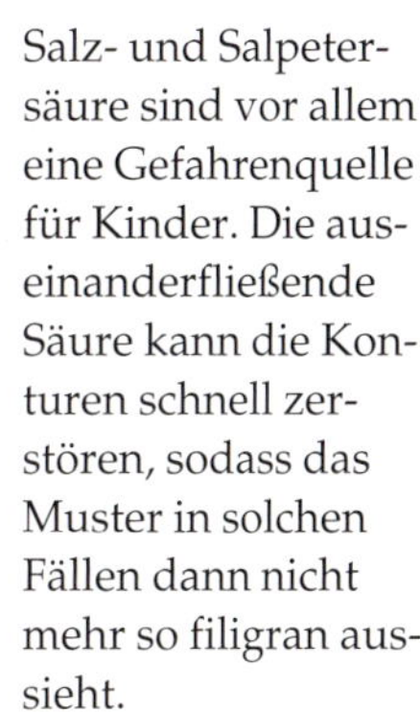

Salz- und Salpetersäure sind vor allem eine Gefahrenquelle für Kinder. Die auseinanderfließende Säure kann die Konturen schnell zerstören, sodass das Muster in solchen Fällen dann nicht mehr so filigran aussieht.

Farben und deren Bedeutung

Seit alters her wurde das Ei als Sinnbild des Lebens gefärbt. Bereits die alten Chinesen, Ägypter und Perser kannten gefärbte Eier, letztere feierten das neue Jahr als «Fest des roten Eis». Rot ist eine alte Kult- und Opferfarbe und gilt als Symbol der Macht und Magie wie auch der Liebe und Freundschaft. Verständlich ist daher, dass die Rotfärbung des Eis seit Jahrhunderten als die einfachste symbolische Verzierung ausgeübt wurde. Weit über das Mittelalter hinaus spielte das Rot-Ei in vielen Ländern eine dominierende Rolle.

Bei den Sorben hieß noch im 19. Jahrhundert der Brauch, zu Ostern das Patengeschenk abzuholen, im Volksmund «nach den roten Eiern gehen». Diese Bezeichnung des Osterbrauches war in der Cottbuser Umgebung noch nach dem Zweiten Weltkrieg üblich. So gehörten zum Beispiel zum obligatorischen Patengeschenk im Spreewälder Burg um 1950 auch drei rote Eier.

Höchstwahrscheinlich wurden einst überall in der Lausitz rote Eier an Patenkinder verschenkt. Spätere schriftliche Überlieferungen sprechen je-

pod němskej drastu
wostań ći
wutroba serbska
Njechaš-li popomha
budźeš sam pomocy tr

doch nur von bunten Eiern («pisane jejka»), meistens in gelber, roter, grüner und violetter Farbe.
Ähnlich wie in anderen ländlichen Gebieten Deutschlands wurden auch in der Lausitz für das Eierverzieren seit jeher Naturstoffe verwendet. So erzielte man mit Zwiebelschalen ocker bis braune Farbtöne (je nach Dauer des Färbens), für Schwarztöne wurden Erlenzapfen und Walnussschalen benutzt und Rotbuche, Brasilholz oder Koschenille für das rote Ei. Allerdings gelingt es so gut wie nie, mit Naturfarben das Ei grün zu färben. Ein Sud aus Brennnesseln oder jungem Wintergetreide ergibt nur grau-olive Farbtöne.
Alle Naturfarbmittel müssen gekocht bzw. aufgebrüht werden. In der Regel rechnet man auf einen halben Liter Wasser eine Handvoll Zwiebelschalen, bei Farbhölzern aus der Drogerie etwa zwei Esslöffel. Je länger der Sud kocht, desto dunkler wird die Farbe. Zum Schluss wird der Farbsud durch ein Sieb gegossen, um eine gleichmäßige Färbung der Eier abzusichern. Und nicht vergessen, durch die Beigabe von Essig (und Salz) werden die Farben intensiver!
Auch im kalten Sud lassen sich Eier färben, nur dauert es dann länger und die Farben wirken matter. Das ist wichtig für die Wachsreservetechnik.
In den 70er und 80er Jahren hatte jedoch das Färben mit Naturstoffen stark nachgelassen. Zum einen waren Farbhölzer in der DDR kaum zu erhalten, zum anderen sind chemische Farben

lichtecht und verblassen nicht so schnell. Das kleine Kunstwerk soll ja von recht langer Lebensdauer sein. Hinzu kommt, dass sich bei chemischen Farben Eier im warmen wie auch im kalten Sud gleichermaßen färben lassen.

Eines der bestgehüteten Geheimnisse versierter Ostereiermaler ist das von den verwendeten Farben. Da Eier die Farbe nicht immer gleichmäßig annehmen, hat jeder seine eigenen Erfolgsrezepte entwickelt. Kleine Kniffe werden ungern verraten. Häufig finden jedoch Stoff- und Batikfarben, Tinte oder auch Beize Verwendung. Hier sollte jeder Ostereiermaler selbst Erfahrungen sammeln. Für weniger Erfahrene sind die im Handel üblichen Ostereierfarben – egal ob als Tabletten oder in flüssiger Form – zu empfehlen. Später kann man dann selbst mit verschiedenen Farbmitteln experimentieren und für sich das Geeignetste an Farbtönen und Intensität finden.

Ostereier, die zum Verzehr bestimmt sind, sollten natürlich mit speziellen ungiftigen Ostereierfarben oder auch Naturfarbstoffen gefärbt werden. Um einen recht kräftigen Sud zu bekommen, – und das gilt übrigens für jede Art des Färbens – nimmt man nur die Hälfte der in der Gebrauchsanweisung vorgeschriebenen Wassermenge bzw. die doppelte Menge an Farbstoff.

*Srjedź sluba
a kwasa nanjese
djas rady
jědojte jejko.*

*Zwischen
Verlobung und
Hochzeit legt
der Teufel gern
ein giftiges Ei.*

Ornamente und ihre Symbolik

Die Bedeutung des Eis als Symbol des Lebens wollten unsere Vorfahren nicht nur durch das Einfärben mit Pflanzen stärken, sondern vor allem durch bestimmte Verzierungen steigern.

Überlieferte Zeichen, die in Ornamentketten verwendet wurden, hatten meist eine tiefere Bedeutung für den, der das Ei verschenkte, und natürlich auch für den Empfänger – Wünsche, die nun nicht mehr stets deutbar sind. Heute fügen sich zu heidnischer und christlicher Symbolik oft sehr eigenwillige persönliche Ornament-Kombinationen, die den ursprünglichen Sinngehalt bestimmter Zeichen überdecken oder vergessen lassen. Hervorzuheben sei an dieser Stelle, dass sich gerade im Gebiet um Schleife noch einige alte Muster erhalten haben.

Aus der Vielfalt der Möglichkeiten haben sich in erster Linie drei Formen des Ornaments entwickelt: die geometrische, die stilisierte und die naturalistische. Überhaupt ist die traditionelle Ornamentik bei sorbischen Ostereiern ein Ausdruck von Harmonie und sehr stark auf Symmetrie, Rhythmik und Gleichgewicht orientiert.

Daj kokošce dakać, jenož zo kóždy dźeń jejko znjese.

Lass die Henne gackern, wenn sie nur täglich ein Ei legt.

Das geometrische Ornament ist das älteste und findet sich besonders in der Wachstechnik in den Grundformen Kreis, Dreieck und Viereck. Die Darstellung der Sonne als Quelle allen Lichts und Lebens ist eines der am weitesten verbreiteten Symbole. Dazu zählen das sogenannte Sonnenrad sowie Strahlenbündel verschiedenster Art. Dreiecke stehen für verschiedene Formen der Drei-Einheit. Sie können z. B. die göttliche Trinität (Gottvater, Sohn und Heiliger Geist) versinnbildlichen oder die Familie (Vater, Mutter, Kind). Die Kombination verschiedener Symbole ergibt immer wieder ein Grundmotiv: den Wunsch nach Glück, Liebe, Fruchtbarkeit und nach Schutz vor dem Bösen. Dieses Grundmotiv ist deutlich sichtbar an folgenden Ornament-Kombinationen in der Wachstechnik: Das Sonnenrad ist von einer Dreiecksreihe, die auch Wolfszähne genannt wird, umschlossen. Das Lebensglück (= die Sonne) wird doppelt vor dem Bösen beschützt – einmal durch den magischen Kreis der Dreiecke und zum anderen durch das Symbol der Wolfszähne-Dreiecke, welche mit ihrer Spitze nach außen gerichtet sind.

Das stilisierte Ornament ist in der Kratz- und Ätztechnik verbreitet, besonders in der Darstellung von Blumen, Ranken, Rosetten, Sternen und dem sogenannten Lebensbaum, welche Fruchtbarkeit und Wachstum versinnbildlichen sollen. In den Heidedörfern der Mittellausitz fällt auf den gekratzten und geätzten Eiern das Motiv

des Heidekrauts auf, verschiedentlich variiert als Ranke oder im Blumenstrauß. Auch christliche Motive waren bei den Sorben üblich. Als Ostersymbol wurden oft das Lamm und das Kreuz verwendet. In der Umgebung von Hoyerswerda erhielten die Patenkinder im Jahr ihrer Konfirmation ein besonderes (meist gekratztes) Ei: Auf der einen Seite war ein Kelch als Symbol des Abendmahls dargestellt und auf der anderen das Kreuz als Zeichen für Christi Tod und Auferstehung.
Besonders reizvoll ist jedoch für einige das naturalistische Ornament, die Darstellung von Pflanze und Tier. Dabei werden häufig Blumen wie Schneeglöckchen, Maiglöckchen, aber auch Weidenkätzchen abgebildet. Aus Gesprächen mit älteren Ostereiermalerinnen sowie aus Schriftzeugnissen wird deutlich, dass – nach Wunsch oder auf Bestellung – auch Rehe, Hasen, Eichhörnchen und Vögel, ja manchmal ganze Szenen aus dem

*Hdyž so dwaj
ćahataj wo jedne
jejko, tyknje sej
je třeći do kapsy.*

*Wenn zwei um
ein Ei streiten,
steckt es sich
ein Dritter
in die Tasche.*

Jagdleben auf dem Ei repräsentiert wurden. Selbst Bienenstöcke sollten aufs Ei gekratzt werden. Neben den oben genannten lassen sich auf besonders alten Eiern jedoch auch oft Landschaftsdarstellungen finden, auch Kirchen, Trachten oder Osterreiter.

In einigen Teilen der Lausitz war es mitunter üblich, einen Spruch auf das Ei zu kratzen oder zu ätzen. Meistens waren es gute Wünsche zum Osterfest, jedoch auch kurze sorbische Sprichwörter kamen vor.

«Bjez prócy a potu njepřińdźeš k złotu» – «Ohne Fleiß und Schweiß kommt niemand zu Gold» heißt es im sorbischen Volksmund. In diesem Sinne möchte ich Sie, liebe Leser, ermuntern, es einfach einmal mit dem Ostereiermalen zu versuchen. Denn wer wagt, gewinnt – vor allem Spaß beim kreativen Malen, Entspannung und österliche Vorfreude.

Praktische Hinweise

Ostern in der Lausitz sollte man sich nicht entgehen lassen. Wer einmal das Osterreiten am Ostersonntag im katholischen Teil der Oberlausitz erlebt hat oder beim Ostereierverzieren den Frauen, Männern und Kindern bei ihrer filigranen Arbeit über die Schulter geschaut hat, bekommt Einblick in lebendiges Brauchtum, das alljährlich Tausende Touristen und Einheimische anzieht. Ostereiermärkte und Schauveranstaltungen in Museen und Kultur-Informationen sind eine gute Gelegenheit, die vier traditionellen Techniken des Ostereiermalens kennen zu lernen, sorbische Ostereier und Lausitzer Blaudruck und Keramik zu kaufen.

Die folgenden Hinweise sollen dem interessierten Besucher ermöglichen, sich selbstständig über Ausstellungen, Ostereiermärkte, kulturelle Programme, Buch- und Souvenirverkauf zu informieren. Darüber hinaus erteilen auch die Tourist-Informationen der Lausitzer Gemeinden und Städte gern Auskunft.

Jeder Besuch aus nah und fern ist herzlich zum Ostereiermalen in der Lausitz eingeladen.

KONTAKTADRESSEN

Förderkreis für sorbische Volkskultur
Postplatz 2, 02625 Bautzen
Telefon: 03591 / 550108

SKI – Sorbische Kulturinformation Bautzen
Postplatz 2, 02625 Bautzen
Telefon: 03591 / 42105
ski.sorben.com

Lodka – Sorbische Kulturinformation Cottbus
August-Bebel-Str. 82, 03046 Cottbus
Telefon: 0355 / 48576468
www.tourismus-sorben.com/de/

Sorbisches Kulturzentrum Schleife
Friedensstr. 65, 02959 Schleife
Telefon: 035773 / 77230
www.sorb-kulturzentrum.de

Sorbisches Museum Bautzen
Ortenburg 3–5, 02625 Bautzen
Telefon: 03591 / 2708700
www.museum.sorben.com

Wendisches Museum Cottbus
Mühlenstr. 12, 03046 Cottbus
Telefon: 0355 / 794930
www.wendisches-museum.de

Spreewald-Museum Lübbenau / Lehde
Am Topfmarkt 12, 03222 Lübbenau
Telefon: 03542 / 2472
www.museum-osl.de

Sorbische Webstube Drebkau
Am Markt 10, 03116 Drebkau
Telefon: 035602 / 22159

Smoler'sche Verlagsbuchhandlung
Tuchmacherstr. 27, 02625 Bautzen
Telefon: 03591 / 577288
www.domowina-verlag.de

Alte Pfefferküchlerei
August-Bebel-Platz 3, 02627 Weißenberg
Telefon: 035876 / 40429

Trachtenhaus Jatzwauk
Senftenberger Str. 19, 02977 Hoyerswerda
Telefon: 03571 / 416550
www.trachtenhaus-jatzwauk.com

Ostereiermuseum Sabrodt
Dorfstr. 41, 02979 Elsterheide-Sabrodt
Telefon: 03564 / 22045
www.ostereiermuseum.de

Heimatmuseum Dissen
Hauptstr. 32, 03096 Striesow
Telefon: 035606 / 256

Schrotholzscheune Bergen
Am Anger 43, 02979 Elsterheide / OT Bergen
Telefon: 03571 / 426808
www.schrotholzscheune-pattoka.de

OSTEREIERMÄRKTE

Ostereiermarkt in Bautzen
Haus der Sorben, Postplatz 2
Termin: 2. Wochenende nach Fastnacht

Ostereiermarkt in Hoyerswerda
Lausitzhalle, Lausitzer Platz 4
Termin: vier Wochen vor Ostern

Ostereiermarkt in Lübbenau
Spreewaldmuseum – Torhaus, Am Topfmarkt 12
Termin: vier Wochen vor Ostern

Ostereiermarkt in Schleife
Sorbisches Kulturzentrum, Friedensstr. 65
Termin: zwei Wochen vor Ostern

Ostereiermarkt in Halbendorf
ehemalige Schule
Termin: eine Woche vor Ostern

Mittellausitzer Ostereiermarkt in Neuwiese
Landhotel
Termin: eine Woche vor Ostern

Ostereierbörse in Sabrodt
Ostereiermuseum, Dorfstr. 41
Termin: Karfreitag

Ostereierausstellung in Bergen
Schrotholzscheune, Am Anger 43

LITERATURTIPPS

Ostergrüße aus der Lausitz. Traditionelle sorbische Ostereier (Postkartenmappe)
ISBN 978-3-7420-2539-5; 5,00 €

Alfons Frenzel
Osterreiten
ISBN 978-3-7420-2492-3; 5,90 €

Jürgen Matschie / Hanka Fascyna
Sorbische Bräuche
ISBN 978-3-7420-1686-7; 9,90 €